# EL NIÑO TIMIDO EN EL AULA

GLORIA ELENA OLAVE BENITEZ

INVESTIGACION SOBRE EL
COMPORTAMIENTO DEL NIÑO AL
INTERIOR DEL AULA
REALIZADA MEDIANTE
OBSERVACION
1998-2022

DEDICATORIA

Dedico este libro a mis hijos
YEANA, GRACE Y JOSE DAVID

# AGRADECIMIENTOS

En primera Instancia mi agradecimiento es a Dios, quien me iluminó dándome sabiduría para alcanzar este objetivo.

A mi padre (Q.P.D.) Ovidio Luis Olave Rentería y a mi madre María Leonor Benitez, ellos al ser mis progenitores educarme con amor y quienes me brindaron apoyo moral, para que nunca me rindiera y siguiera adelante. Mis hijas Yeana y Grace, eran apenas unas niñas cuando inicie esta investigación, quienes me tuvieron mucha paciencia, por mis ausencias, ellas con su amor iluminaron mis pensamientos, mi hijo José David al momento de esta investigación aún no había nacido, pero que hoy es una pieza importante para hacer pública esta investigación.

A mis amigos Lilia Ararat de Florez, Daniel Cifuentes, Gonzalo Montaño, Vilma Virginia Olave, quienes siempre me animaron, cuando creía que iba a desfallecer. A mis hermanos especialmente a Gema, Erika, a mi prima Arelis, se mantuvo ahí ayudándome con el cuidado de mis hijas, quien siempre me ha brindado su incondicional apoyo y  amor.

A mi guía y tutor Aris Adolfo Peña, quien nunca se rindió en darme las instrucciones y guiarme en nuevos conocimientos.

A todos mis compañeros de trabajo de esa época, en especial a los Señores, John Alexander Sabogal, Bernardo Lora, quienes con su conocimientos y apoyo moral me respaldaron en todo momento.

A la señora Ana Julia Torres, propietaria del Instituto Comercial Nuestra Señora del Carmen, quien me permitió realizar esta investigación al interior del colegio, la facilidad de la recolección del material requerido para tal propósito.

# TABLA DE CONTENIDO

PAG

CAPITULO 1

En este Capítulo se hablara de la vida de la docente Investigadora.

CAPITULO 2

En este capítulo se hablara de la forma como se recogió la información, los criterios tenidos en cuenta para la selección de los personajes.

CAPITULO 3

En este capítulo se hará la descripción del entorno donde se realizó la investigación

CAPITULO 4

Este capítulo contiene la información de los niños investigados. Tratando en todo momento copiar los textos originales obtenidos directamente de las personas entrevistadas.

CAPITULO 5. Hablare en este capítulo del problema de la timidez en la escuela, interrogantes tales como:

¿Qué es la timidez?

¿Cuáles son las características de un niño tímido?

¿Cuáles son las causas que generan la timidez?

¿Cómo se comportan los niños tímidos en el colegio?

¿Cómo se siente los niños tímidos en el colegio?

¿Cómo se comportan los niños tímidos en sus hogares y sus entornos?

¿Cómo afrontan los niños tímidos sus responsabilidades escolares?

¿Cómo es el comportamiento de un niño tímido en las actividades culturales y deportivas?

¿Cómo ven los compañeros a un niño tímido?

¿Cómo ven los profesores a un niño tímido?

¿Cómo ven los padres a un niño tímido?

¿Qué Consecuencias trae en la sociedad actual la timidez?

CAPITULO 6

En este capítulo hare un análisis de la información, para tratar de realizar una conclusión del tema, las recomendaciones que se pueden hacer al respecto,

GLOSARIO
BIBLIOGRAFIA
ANEXOS

*El código de Infancia y Adolescencia Artículo 18ª DERECHO AL BUEN TRATO. Artículo 4 de la ley 2089 de 2021. El nuevo texto es el siguiente. "Los niños, niñas, y adolescentes tienen derecho al buen trato, a recibir, orientación, educación, cuidado y disciplina, por medio de métodos no violentos. Este derecho comprende la protección de su integridad física psíquica y emocional, en el contexto de los derechos de los padres o de quien ejerza la patria potestad o persona encargada de su cuidado; de crianza criarlos en sus valores y creencias".*

*Artículo 47. RESPONSABILIDADES ESPECIALES DE LOS MEDIOS DE COMUNICACIÓN.*

*ARTÍCULO 47. RESPONSABILIDADES ESPECIALES DE LOS MEDIOS DE COMUNICACIÓN. Los medios de comunicación, en el ejercicio de su autonomía y demás derechos, deberán:*

*1. Promover, mediante la difusión de información, los derechos y libertades de los niños, las niñas y los adolescentes, así como su bienestar social y su salud física y mental.*

*2. El respeto por la libertad de expresión y el derecho a la información de los niños, las niñas y los adolescentes.*

*3. Adoptar políticas para la difusión de información sobre niños, niñas y adolescentes en las cuales se tenga presente el carácter prevalente de sus derechos.*

*4. Promover la divulgación de información que permita la localización de los padres o personas responsables de niños,* niñas o adolescentes cuando por cualquier causa se encuentren separados de ellos, se hayan extraviado o sean solicitados por las autoridades competentes.

5. Abstenerse de transmitir mensajes discriminatorios contra la infancia y la adolescencia.

6. Abstenerse de realizar transmisiones o publicaciones que atenten contra la integridad moral, psíquica o física de los menores, que inciten a la violencia, que hagan apología de hechos delictivos o contravenciones, o que contengan descripciones morbosas o pornográficas.

Es por eso que en esta investigación se omite los apellidos de los alumnos investigados, pues no es mi intención vulnerar ninguno de esos derechos antes mencionados.

## INTRODUCCION

La escuela debe ser para el individuo un agente socializador que le ayude en su diario vivir, y se entrelace con lo cotidiano, y la relación con todas las personas que configuran ese entorno.

En el diario vivir con nuestros alumnos, es importante tener presente que la formación no debe ser solo académica, sino integral, de tal forma que le ayude al alumno en todas las etapas de su vida.

Cuando nos detenemos a mirar a estos jóvenes y tenemos la oportunidad de interactuar con ellos, nos damos cuenta como, su capacidad de pensamiento e individualidad, la forma como ellos perciben el mundo, al igual de cómo reaccionan ante cualquier estimulo.

En este libro pretendo mostrar la posición de un niño, niña, adolescente, tímido dentro de un aula de clases, y en si en su vida escolar. Cuando yo digo mostrar la posición del niño, niña o adolescente, en contexto escolar, me refiero a las manifestaciones diversas en muchos casos del niño frente a su  colegio y como lo observan sus compañeros, como es su vida familiar y social.

Esta investigación fue realizada en el momento que trabajaba en esa institución, con dos pre adolescentes, ambos del grado 6 de básica secundaria, cuyos nombre son Aura y Andrés.

CAPITULO 1

BIOGRAFIA GLORIA ELENA OLAVE BENITEZ

Nací el 30 de Junio de 1963, en Buenaventura, departamento del Valle del Cauca,  de padres chocoanos, a los tres meses de vida me llevan al choco donde transcurre mi infancia. Cuando estaba realizando esta investigación mi tutor me pregunto ¿porque elegí este tema? Si por lo general el niño tímido pasa inadvertido en un salón de clases. Mi tutor me dijo que muchas de las investigaciones que realizábamos tenía que ver con nosotros, la verdad que en ese momento yo me detuve en esa pregunta e hice una retrospección y me mire cuando era una niña, recordé mi infancia volví a ver esa niña tímida, que fui como hasta mis 18 años, esta timidez me trajo muchos problemas pues sufrí bastante bullying, para mi época era más conocido como montadera, tuve ataques aun de mis profesores quien por mi forma de sentarme me tildaban de creída, y mis compañeros me ponían apodos como tiembla que tiembla, entre otros, y fue así que mi infancia transcurrió "normal". Cuando tenía 11 años de edad murió mi abuela con quien vivía,  quien me crio, luego me fui a vivir con una de mis tías por parte de mi padre, a los 15 años mi padre me envió a vivir con mi mama.

Termine mi bachillerato siendo una adulta, debido a los continuos traslados de ciudad (1985).

Al siguiente año empecé a trabajar. Trabaje en varios colegios entre esos el Colegio Académico 12 de Octubre, privado y nocturno, en el Jorge Eliecer Gaitán, trabajaba en las horas de la tarde que era de propiedad de la misma persona.

Inicie a trabajar en el INSTITUO NUESTRA SEÑORA DEL CARMEN, en el año 1996 donde realice esta investigación.

Son muchos los anécdotas que puedo contar de los años laborados en los distintos establecimientos educativos; porque cada Institución tiene su propia historia, lo que sí puedo decir de todo lo vivido que aun cuando a veces es

ingrata la profesión como docente, también tenemos esa
parte llena de  satisfacciones, ya que es muy agradable ver a
nuestros alumnos como han crecido, los recordamos como
llegaron a la institución, siendo aún unos niños, y hoy cuando los
volvemos a ver ya  convertidos en adultos, algunos de ellos
profesionales,  nos reconocen y  nos saludan con tanto amor,
porque nuestras enseñanzas no fueron vanas y
calamos en sus corazones, ayudamos en su formación y en su
carácter. En sus mentes adultas recuerdan los primeros pasos de
su niñez, la primera profesora que les enseño a leer y tantas otras
cosas que se pueden seguir relatando sobre las experiencias
vividas en cada una de esas instituciones, como cuando fui injusta
con algún alumno y me arrepentí y termine hablando con ellos,
escuchando sus motivos y si fue mío el error terminaba pidiéndoles
excusas por mi injusticia. La tristeza que producía cuando ellos ya
dejaban la institución, pues ya habían terminado esa etapa de
sus vidas y debían proseguir a la siguiente poniendo en práctica
los                    conocimientos                    que                    en
algún momento les habíamos impartido o que ayudamos a
construir, todo eso es muy reconfortarle y hace que haya valido
todo lo vivido al interior de aquellas aulas. Tuve grandes ideas
creativas en mi quehacer pedagógico, entre esos propuse y realice
un    proyecto para que los alumnos

de último grado realizaran sus prácticas, ya que era un colegio comercial, fue así que hice varios convenios con

algunas empresas para que ellos adquirieran experiencias reales a lo que se enfrentarían algunos, que quizás no tendrían la oportunidad de continuar con estudios superiores,

y así tener herramientas para enfrentar su futuro. Me he encontrado con alumnos que me agradecen ese proyecto porque en efecto ese fue su profesión después.

Esta investigación la inicie  el 10 de agosto del año 1996, En el Instituto Nuestra Señora del Carmen, institución mixta en el barrio los Guaduales, perteneciente  a la comuna 6, distrito educativo 1-A. En la ciudad de Cali, departamento del Valle del Cauca Cuenta con niveles de básica secundaria y media vocacional, es de carácter privado, su modalidad es comercial. La verdad no tenía la menor idea como realizarlo, fue de la mano de mi tutor Aris Adolfo peña, a quien le debo mucho, me fue guiando poco a poco, me dejo cometer mis propios errores, para que aprendiera de ellos, me hacía ver con mucha paciencia mis equivocaciones.

Finalmente                                                              como dije antes por cuestiones personales, termine escogiendo este tema sobre la timidez. Me llamo la atención ver algunos de mis alumnos tan callados y quise saber que había en su interior, y el porqué de tanto silencio

dentro del aula, lo más seguro era que al verlos estaba viendo en ellos ese reflejo de mí en aquellos niños, años atrás yo

había estado en ese lugar y nadie se había tomado el trabajo de mirar el porqué de tanto silencio, el porqué de querer desaparecer, algunos de mis compañeros de trabajo o de estudio me preguntaban ¿Porque ese tema? Si llama más la

atención el niño bulloso, el indisciplinado, el que nos da (problema), el que no nos permite desarrollar nuestros contenidos pedagógicos, pero la verdad quería ir más allá de

solo un contenido impuesto por una sociedad, quería aportar un grano de arena a este gran problema que cada día se

acrecienta más en nuestra sociedad, me dedique a investigar cada vez más sobre este tema.

Hoy después de que han transcurrido más de 26 años he decidido publicar esta investigación, la sociedad no ha cambiado mucho, los niños continúan enfrentándose a este tipo de situaciones, con el agravante de que se ha agudizado porque se ha llegado al matoneo, el aumento del suicidio en los adolescente. Mi experiencia en todos estos años me ha permitido trabajar en muchas instituciones, con diferentes alumnos; adultos, adolescentes, niños, mi última experiencia fue en el Instituto de Bienestar familiar (ICBF), donde trabaje casi cinco años como apoyo de la supervisión de los programas de primera infancia llamado de "Cero a Siempre",

es una muy buena estrategia y modelo pedagógico, para niños de 0 a 5 años, la edad más importante de un niño según

estudios realizados por psicólogos. Finalmente he llegado a algunas conclusiones que más adelante expondré aquí, mis queridos lectores.

CAPITULO 2

METODOLOGIA

Esta investigación es de tipo etnográfica, basada en el estudio de caso, la mayoría de los datos obtenidos fueron a través de observación directa, fue necesario realizar entrevistas (ver anexos) las cuales fueron de carácter abierto, utilizando preguntas espontaneas.

Durante toda la investigación se observa detenidamente a estos jóvenes en sus diferentes entornos tales como: El aula de clases, el momento de descanso de los alumnos, educación física, salidas extracurriculares, de esa manera fui obteniendo la información necesaria, donde hubo un proceso secuencial desde el inicio hasta el final.

Inicie la elaboración del trabajo con los antecedentes históricos de la Institución, su entorno y todo lo relacionado con la misma.

A los pocos días de haber iniciado el trabajo de investigación entre al grado sexto y les explique el tema relacionado con la parte académica, luego le dije que se agruparan para realizar un taller, los observe trabajando y note que algunos jóvenes no estaban participando en la  discusión; días.

Después volví a realizar el mismo ejercicio y observe el mismo comportamiento, a dos de los alumnos los veía muy quietos y callados, mientras que los demás compañeros no paraban quietos, a esa edad los pre adolescentes tienen mucha energía y por lo general no se están un instante quietos, hablan constantemente, hacen bromas entre ellos y suelen molestar al que está muy quieto. En ese momento  nace mi idea,  realizar una investigación del porque estos niños son tan diferentes a los demás compañeros siendo de la misma edad, porque se le observa tan callados y ensimismados, en el momento de estar trabajando en grupo, o simplemente solos.

El título tuvo varias modificaciones, pero finalmente opte por denominarlo: EL NIÑO TIMIDO EN EL AULA. Los sujetos investigados son dos pre adolescentes del grado sexto básica secundaria del INSCA.

Uno de los objetivos de esta investigación fue ayudar a que estos alumnos se involucraran más en el proceso académico,
poder ayudar a encontrar soluciones, que dejen sus miedos, sus temores mediante ejercicios de autoconfianza y talleres
colectivos, hacer que estos alumnos vean la importancia de adquirir compromisos frente a su formación, y su futuro.

Trabajar académicamente con los alumnos,  con talleres, me permitió hacer la observación, pues de esa forma los podía
mirar mejor sin perder detalles, de los movimientos que realizaban. Aunque en  un principio fue difícil ser objetiva, debía únicamente escribir lo que veía. Cada vez era más difícil entender algunas cosas, cuando le presentaba los avances a mi tutor este me hacía ver que no podía ser subjetiva, debía únicamente escribir lo que veía.

CAPITULO 3

3.1 EL ENTORNO DONDE SE DESARROLLO LA INVESTIGACION

El nivel socio-económico de los alumnos y de la comunidad educativa, en el momento de esta investigación correspondía en su gran numero a la clase media baja,  en su mayoría eran obreros, subempleados, otros propietarios de pequeños negocios, hogares en los cuales trabajaban ambos padres y en muchas ocasiones los niños se quedaban al cuidado de sus abuelas, tías o solos.

En la época que se hizo esta investigación había falta de recursos y fuentes de empleo, en esta comunidad educativa, por lo que, se hacía necesaria las ventas ambulantes que abundaban y obstaculizaban el espacio público, lo que ocasionaba ver  las calles llena de basura al paso. Contaba para ese entonces  con un servicio de recolección de dos veces por semana, pero no se hacía de forma debidamente, ocasionando caos y suciedad. Para esa época había un mercado móvil que era de mucha utilidad pero que dejaba a su paso degradación del aspecto causando malos olores y serios problemas de mosquitos y zancudos entre otros.

FIGURA No. 1

MERCADO MOVIL DE ESE ENTONCES

# FIGURA No. 6
## BASURA QUE DEJABA A SU PASO EL MERCADO MOVIL

## 3.2 ASPECTOS RELEVANTES EN EL ENTORNO RESIDENCIAL DE LOS ALUMNOS

Dentro del barrio Floralia existe un lugar llamado Farillón donde se deja ver la pobreza de sus habitantes aun este momento, sus casas continúan siendo a pesar de haber transcurrido más de veinte años de madera, al lado del rio Cauca, tienen en su mayoría problemas de invasión de zancudos, debido a la contaminación del rio por causa de las basuras y escombros de las fábricas, muchas personas de este lugar se dedican a la cría de animales como cerdos, siembras y otros al reciclaje.

Al día de hoy este problema se ha agudizado ya que cuando llueve este sector se inunda, se ha vuelto un problema de calamidad pública, pues se hace necesario la reubicación de estas personas causadas por las inundaciones, aumentando las enfermedades en los niños.

En los barrios Guaduales, Comfenalco y Lares de Comfenalco la situación económica, un poco distinta ya que en su mayoría eran de estrato socio  económico 3 y 4, ya que en su mayoría las personas eran empleados, o pequeños industriales.

Los espacios culturales en el sector, siguen siendo muy pocos existe aún el polideportivo, ubicado en el barrio Floralia por falta de espacio los estudiantes del INSCA realizaban sus actividades deportivas, recreativas y culturales, en el polideportivo.

# FIGURA No. 2
## POBLACION ESTUDIANTIL DE ESA EPOCA
Cortesía y permiso de la Institución

CAPITULO 4

## 4.1 LA TIMIDEZ

DEFINICION

En los textos consultados es muy poco lo que se encuentra de la definición de timidez, casi todos los textos hablan de cómo resolverla, pero no la definen En el libro Psicología Social, por ejemplo el autor llega a esta misma conclusión y más adelante el mismo autor termina definiendo la timidez como: "Un fenómeno en el cual se recibe claras influencias de factores situacionales, en los que la interdependencia entre los individuos, desempeñan un importante papel" 1.

Según el Dr. Shaw 2. En su libro Timidez y Ansiedad,  "La timidez se puede presentar en cualquier edad y que esta palabra cubre multitudes de ansiedades y dificultades". Concluye diciendo "La timidez  y la soledad tienen relación con las condiciones generales de nuestra sociedad y modo de vida, con la clase de personas que somos y la forma como hemos aprendido a expresarnos ante los demás".

Es así como la timidez va relacionada con la sociedad, el tímido es una persona muy callada que prefiere vivir aisladamente.

Definió al tímido como ensimismado por miedos, y rechazos que le hacen aislarse del mundo, creando su propia realidad, en la que teme ser lastimado prefiriendo ante todo la soledad.

---

1 AROLD RODRIGUEZ, Psicología Social, pág. 260
2 Dr., PHILLYS M.SHAW. Timidez y Ansiedad Pág. 3

## 4.2 CARACTERISTICAS DEL NIÑO TIMIDO.

Fundamentalmente el niño tímido se sonroja o palidece por la menor causa, su ritmo cardiaco se acelera o se retarda, bajo la acción de los más débiles temores, temblores, o presiones sofocantes, sudores abundantes aparecen como consecuencia de las menores impresiones, mientras que el hombre "normal" no experimenta estas perturbaciones, salvo el caso de una violencia conmoción.

El tímido se da cuenta, se deja invadir por el sentimiento de esa inferioridad y es allí cuando la timidez se apodera de él.

El tímido tiene muy pocos amigos debido a su miedo. Por el miedo al rechazo habla muy poco y por esa razón la gente tiende a encasillarlos en palabras como: perezosos y distraídos, incluso de creídos. Por lo general, el niño tímido en su ámbito escolar y familiar presenta muy buena disciplina, son niños, niñas, adolescentes que no dan muchas molestias a los padres y educadores, en los segundos pasan tan inadvertidos, que puede pasar todo un año escolar y no aprendan su nombre. A un niño, niña, adolescente tímido, no les gusta salir al tablero, a realizar exposiciones, delante de sus compañeros por temor a la burla, a la crítica que les haga el profesor delante de sus compañeros.

En eventos extracurriculares el tímido por lo general participa más en campo abierto, donde se integran un poco más con sus compañeros, aunque no dejan de tener sus recelos, siempre están pendientes de que si el profesor les está observando o no.

Los tímidos son muy sensibles, y por lo general son muy buenos amigos, compañeros, e incluso en su vida adulta llegan a ser unos excelentes padres y compañeros.

Según Paul C. Jagot, en su manual La timidez vencida dice: "esa sensibilidad concurre hacer más poderosa y más profunda la inteligencia siempre que, entiéndase  bien, de que esta última tenga un desarrollo suficiente, pero también a ese género de timidez que se aísla y prefiere renunciar a vivir normalmente que afrontar los peligros sentimentales"3.

---

3, PAUL C. JAGOT. Manual de la Timidez vencida pág. 37

## 4.3 CAUSAS DE LA TIMIDEZ Y SUS CONSECUENCIAS

Estas pueden ser diversas:

En algunos casos puede ser ocasionada por quebrantamientos de salud a edad muy temprana, cuando el niño ha sido enfermizo, los padres especialmente las madres, tienden a ser excesivamente sobre protectoras, lo que hace que el niño vaya sintiendo miedo de enfrentarse a la vida. Esa sobre protección se deja ver exactamente en la edad de la formación, cuando el niño inicia con abuso de sí mismo, cuyo efecto destructor debe ser como uno de los peores determinantes de la timidez, y más generalmente, de todas las desviaciones intelectuales y morales.

Otra Causa de la timidez es el abuso de poder de los padres o superiores que hacen que el niño, por miedo a la crítica o al castigo no realice ciertas actividades, en el caso escolar es probable que el niño se sepa la respuesta a determinadas preguntas, pero ese mismo miedo a la burla lo hace permanecer en silencio. Una causa probable también se puede  dar cuando el niño es abandonado por sus padres, en especial la madre, pues esto va creando inseguridades en el niño, niña, o adolecente, haciéndose cuestionamientos del porque?, fue abandonado por la persona que debió estar ahí para él.

Esta es una de las consecuencias que casusa toda esta sobre protección o abusos. Hablando con Andrés uno de mis alumnos, objeto de esta investigación me decía, "Cuando salgo al tablero se me pone un nudo en la garganta, empiezo a temblar, me da mucho susto, me da pena que mis compañeros se burlen de mí, si me equivoco", deja ver esa respuesta que la abstención de este joven para participar en las clases es el miedo al ridículo, al punto que hace que su circulación sanguínea se acelere dando lugar a la palidez, palpitaciones y enrojecimientos emotivos.

Otra de las consecuencias que podemos evidenciar es que, a menudo los padres suelen equivocar la protección, con la sobre protección y no le permiten al niño el desarrollo de su capacidad cognitiva, psicológica y en algunos casos hasta motriz, los hacen tan dependientes que al niño le da pena hablar delante de otras personas que no sean sus padres o que no hagan parte de su núcleo más cercano, no dándose cuenta que todo esto va a afectar su vida futuras y se ve reflejado en sus actos.

## 4.4. AMBIENTE SOCIAL DEL NIÑO TIMIDO

Para determinar cómo es el comportamiento de una persona socialmente, primero tenemos que determinar que significa el comportamiento social. Según el Dr. Shaw 4"En el sentido más amplio, es lo que hacemos en presencia de otras personas, y pueden incluir situaciones donde los demás ni siquiera se dan cuenta de nuestra presencia" 4.

El comportamiento del niño en sociedad, no varía al comportamiento en sus hogares o su entorno escolar; por ser unas personas solitarias tienden a no ser sociables, prefieren quedarse en sus casas disgustando la soledad de su habitación, o quizás su rincón preferido, ya que al estar con otras personas les causa desasosiego y no sabe si ese sentimiento es tan visible que los demás lo alcanzan a percibir, esto les causa incomodidad y prefieren no exponerse a estos riesgos, el Dr. Shaw 5 " asegura que las situaciones sociales, difieren entre si y cada una demandara una táctica diferente de nuestros recursos y habilidades sociales, de ahí que unas personas temen más a una situación que otras, asegura también que hay individuos que sufren todas las situaciones especialmente en encuentros sociales",

---

4.5. Dr. PHILYS M SHAW. Timidez y Ansiedad Pag.7y 8

## 4.5. COMO ES EL NIÑO TIMIDO CON SUS COMPAÑEROS

En su libro Lilia Moreno 6 dice: "Tiene muy pocos amigos, ya que no le prestan atención a lo que habla y esto le causa enojo", por esta razón el niño tímido tiende a limitar su círculo de sus compañeros, por lo general tiene dos o tres compañeros, con los que se le ve casi siempre juntos, ya sea en clases o en el momento del descanso. Los trabajos en grupo siempre los hace con las mismas personas su timidez, no le permite hacer las cosas bien y sus amigos en algunas ocasiones le rechazan por que no aportan nada al grupo, aunque aparentemente se llevan muy bien con sus compañeros, la opinión que tienen de ellos es que son muy callados, y algunos tienden a tildarlos como raros, que viven en otro mundo como si no les importara el resto del mundo, ocasionando así el rechazo de otros. Según Lilian Moreno 7 "la timidez no les permite hacer las cosas debido al miedo que sienten".

*Al preguntar al mejor de Andrés; ¿cuéntame cómo es tu amigo?*
*Responde "el siempre permanece muy callado solo habla con Sterling, Aura, Billy y yo, en los*

*descansos siempre se va con Aura, compra una pony, un mango y de allí s va para el salón y se sienta. Solo cuando vamos a educación física él juega con los demás compañeros"*.

6.7. **LILIA MORENO ARANGO.** Timidez y Agresividad, pág. 39

En  las observaciones que he hecho de Andrés y de Aura, cuando se le saca al tablero, el primero opta por pedir permiso para ir al baño y la segunda por mirar, sonreír y bajar la cabeza pero sin contestar o si lo hace es tan bajito que nadie le alcanza a escuchar. Andrés se sienta en la última silla de la primera fila, y Aura lo hace en la tercera silla de la cuarta fila. Son Jóvenes que no molestan en clases, se sientan en sus sillas y muy rara vez se levantan.

## 4.6 COMO VEN LOS PROFESORES AL NIÑO TIMIDO

*En una entrevista que le realice a dos de mis compañeros sobre cómo era Andrés en sus clases me contestaron: "Es un joven muy tímido y debido a esto se le dificulta relacionarse con los compañeros, participar en clases presentar los trabajos bien, yo creo que es un problema casa y tendría que hablarse con sus padres o un psicólogo, es muy callado y refleja miedo".*

*La pregunta si ella alguna vez se le ha acercado con el propósito de hablarle, e investigar qué le pasa? Su respuesta fue: "la verdad no".*

A otro de mis compañeros de trabajo que también le da clase a Andrés le pregunte:

*¿Como ves tú a Andrés? "Es un niño muy introvertido, no participa nunca en las clases, en muy pocas ocasiones se le ve integrado a un grupo, yo tuve la  oportunidad de darle clases en la primaria y desde que lo conozco su comportamiento es igual, también te puedo decir que conozco a el papa y es igual de callado,*

*en las reuniones solo se acerca, reclama el boletín y no pide explicaciones, ni participa en las mismas".*

Por las respuestas se puede deducir que al niño tímido, sus profesores, lo ven como una persona pasiva que no causa problemas y por ese hecho es ignorado y pasa inadvertido por los mismos.

## 4.7 COMO VEN LOS PADRES AL NIÑO TIMIDO.

Según las entrevistas realizadas a los padres de familia, la mayoría de estos jóvenes, siempre se han comportado así, aun en sus propios hogares, son niños solitarios, que les cuesta relacionarse hasta con sus propios hermanos.

*Dice una madre de familia "A mi hijo no le gusta reunirse con los demás niños, el prefiere quedarse en su cuarto, o ponerse a ver televisión, la mayor parte del tiempo juega solo, se acerca con mucho temor a los demás niños, a veces yo me culpo por haberle sobre protegido, siento que es así debido a que en muchas ocasiones quiso salir y yo no se lo permitía", esta entrevista fue realizada el viernes 7 de mayo de 1997.*

*Otra madre de familia me dijo: "Yo creo que mi hija es tímida, siempre ha sido una niña muy callada, pero desde que se fue su padre lo es más, yo vengo de una separación muy reciente, mi esposo siempre mostro preferencias por el niño, pero ahora la ha acentuado más cuando a mí, tengo que incluso hasta traerla hasta el colegio, primero porque me da miedo que le pueda pasar*

*a mi niña, y segundo porque ella no es capaz de venirse sola",
reunión padre de familia el 18 de marzo de 1997.*

*Otra madre dice: "Mi hijo casi no sale, la verdad a
mí no me gusta que el ande por ahí, porque puede coger
malas amistades, usted sabe cómo está la juventud hoy en día,
por lo general él llega del colegio yo lo pongo a estudiar, los
fines de semana sale a acompañar a la hermana a la iglesia,
me ayuda en los oficios de la casa, luego por la tardecita lo
dejo salir un rato, cuando se entra lo hago que rece y se
acueste", madre de familia el  miércoles 18 marzo de 1997.*

# 5. CONSIDERACIONES

## 5.1 GENERALES.

Si hacemos un análisis de lo anterior podemos fácilmente concluir, que la mayoría de estas madres son sobre protectores, y le acentúan las inseguridades a sus hijos, no permitiéndoles que se desarrollen como niños normales, ya que el individuo hay que dejarle desarrollar su individualidad para su formación en todos los ámbitos de su vida.

En muchas ocasiones, nos encontramos con casos diferentes como son el maltrato físico y verbal, de algunos padres para con sus hijos, lo que también actúa negativamente en el desarrollo de la personalidad y la auto confianza.

Hace más de cien años, Sigmund Freud 8" señalo la importancia de los primeros años de vida no solo aprender verdades o para hacer las cosas, sino también acerca de nuestra actitud hacia las personas". Es más fácil que nos influencien en nuestra personalidad ante de los cinco años, es vital esa parte de nuestra formación que allí depende si aprendemos a confiar en las personas o simplemente no, Freud consideraba irreversibles estas influencias sin la explotación prolongada de las influencias tempranas, no somos tan pesimistas en cuanto a la posibilidad de un cambio. Los humanos poseemos una enorme capacidad para captar las cosas cualquiera que sea. Dice el Dr. Shaw que los padres y algunas figuras significativas de nuestra niñez, constituyen influencia importante en el desarrollo, hay otras personas que también pueden ejercer influencias sobre el comportamiento humano.

Con frecuencia los padres tienen gran responsabilidad de esos complejos o esa timidez de sus hijos, porque desde muy temprana edad, empiezan a hacer comparaciones de unos con  otros, o simplemente tratando de que el hijo sea con ciertas características físicas que les   hubiese gustado que poseyeran. Nos dice el Dr. Phillips, "a medida que el niño aprenda a movilizarse y empiece a distinguir a las personas y a comprender mejor las señales verbales, expresiones faciales y movimientos corporales, también se volverá susceptible a la vergüenza, a la humillación, a la incomodidad física y al miedo, comprenderá cuando se burlan de él y cuando lo desdeñan"9. De allí que es tan importante esta etapa en la formación de valores y en su autoestima. Los padres que se mantienen criticando a sus hijos frecuentemente le ayudan a que empiece a auto despreciarse, ya que le refuerzan a diario ese sentimiento y el niño va cogiendo una concepción errónea de lo que es malo o lo que está bien y de esa forma el desarrolla esa imagen de sí mismo.

En ningún momento pretendo decir que toda la culpa de las inseguridades de los hijos sea por todo lo anterior, pero si son características que demuestran claramente la influencia que tienen los padres en el desarrollo o comportamiento de sus hijos en su niñez o en su vida adulta, puesto que son los padres las primeras personas que el niño empieza a observar y el contacto que tenemos con ellos es tan prolongado y de allí que tendemos a hacer lo que ellos hacen, hasta el punto en sus vidas adultas el hombre tiende a buscar la mujer que se le asemeje al comportamiento de su madre y la mujer que se le semeje al comportamiento de su padre, aun cuando se presenta más en los hombres esta situación o comparación, a medida que crecemos aprendemos a diferenciar cada uno de estos, por eso hay momentos que nos aterramos de nuestro comportamiento, está casi comprobado que seguimos los patrones de nuestros hogares.

*En una entrevista que le realice a la psicóloga de la institución me respondió" La mayoría de los casos que he tenido durante el año escolar, han sido jóvenes que se quejan del maltrato verbal, al que son sometidos por sus padres, les insultan con palabras soeces, y esto hace que la autoestima de ellos baje enormemente, porque si eso hacen sus propios padres que son sus progenitores y las personas que les conocen que pueden esperar de los demás.*

---

9. Dr. PHYLLIS M, Pág., 13

8, Sigmund Freud pág. 8

A veces agobiados de conflictos, en sus hogares, vienen al colegio en busca de ayuda o comprensión y se encuentran con profesores incomprensivos que no se detienen a mirar la parte humana o que le está pasando en ese momento, máximo que en su mayoría en una edad bastante difícil para el ser humano como es la pubertad y la adolescencia, continua diciendo la psicóloga que aconseja que se hagan talleres más continuos con los alumnos de auto estima, y que en las reuniones se aproveche para hacerle ver a los padres que sus hijos no son cosas, que ellos los trajeron al mundo y deben ayudarle a la construcción de una personalidad bien sólida". Entrevista realizada el día martes 8 de abril de 1997.

Vemos claramente que estas afirmaciones no son improvisadas, es el proceso de un estudio realizado por una persona experta en el comportamiento humano.

## 5.2 ANDRES Y AURA

El comentario que puedo hacer con referencia de los alumnos sujetos de esta investigación son las siguientes:

Andrés en su proceso académico durante todo el año lectivo mostro poco interés y falta de participación en las clases, concluyo diciendo que ese año escolar el niño perdió el año escolar, con más de 60 logros en las diferentes áreas de enseñanza.

Aura, por su parte también tuvo problemas académicos, aunque no en la misma proporción de Andrés. Debido a la poca participación su rendimiento académico se vio afectado, supero varios logros en las áreas de Castellano y Sociales, pero finalmente paso al siguiente grado.

Hasta la culminación de esta investigación ambos continuaban estudiando en la Institución y me atrevo a asegurar que han cambiado un poco.

La niña esta en séptimo grado y se deja ver ese cambio en forma participativa que tiene ahora en las clases, se ha relacionado con sus compañeros, tiene más amigos y en lo
que va corrido del año lectivo su rendimiento académico ha mejorado.

El niño está repitiendo sexto, el cambio de este se nota menos, sigue quedándose en el salón en las horas de descanso, pero se le ve un poco más de seguridad en sus respuestas tanto académicas como personal, a pesar de que todos sus compañeros del año anterior, están en otro grado, ha logrado acoplarse rápidamente a este nuevo grupo de amigos, se le ve más sonriente y ya tiene su grupo de compañeros.

## 6. CONCLUSIONES.

No tengo la respuesta de lo que es en si la timidez, al igual que muchos de los investigadores que he mencionado aquí en esta investigación, y de algunos otros que no hago mención en este libro. Quizás para llegar a esa definición, se hace necesario continuar con la investigación del comportamiento humano, aunque quizás nunca lleguemos a una definición exacta, pues cada individuo es eso, un individuo con su particularidad de ser único e irrepetible, pero como es lógico en una investigación tratamos de tomar una muestra que determine el comportamiento humano.

Es así que puedo concluir un poco diciendo que: El tímido es una persona que le teme a algo, ya sea a la burla, al rechazo, es por eso que prefiere no expresar sus opiniones.

Entre las múltiples causas que producen la timidez tenemos las enfermedades, el abuso de poder, (padres, maestros y adultos), la sobreprotección entre otras.

## 7. RECOMENDACIONES

Entre las recomendaciones que se pueden hacer  al respecto, de acuerdo a lo observado, a las entrevistas realizadas a todos actores de este libro están las siguientes:  Es necesario que todas las personas involucradas en el proceso de enseñanza-aprendizaje, se involucren de una manera seria y responsable, sabemos que es la Familia el primer y principal pilar de la sociedad, y que es allí donde comienza la formación del individuo, pero es necesario que todos los actores involucrados como son las Instituciones Educativas, Los entornos que deben ser protectores para los niños, niñas y adolescente, darles las garantías de una niñez saludable.

A mis colegas, en mi papel como docente les recomendaría que cuando en un salón de clases se encuentren con alumnos con estos problemas, se detengan un momento a mirarlos, a si ellos demuestren lo contrario; me explico a si ellos se escondan, se hagan en un rincón para tratar de ocultarse, de pasar inadvertidos, es nuestro deber conocer
a cada uno de nuestros alumnos, máximo si compartimos con ellos todo un año escolar. Es tiempo que todos tomemos conciencia de la labor que significa educar, ya sea en uno u otro lugar.

Sería bueno revaluar todos esos procesos y mallas curriculares, a quienes contratamos en las Instituciones educativas, pues en ocasiones esas personas que nos educan, por sus egos y sus propias limitaciones suelen causar o acentuar esas inseguridades en nuestros alumnos, lo digo con conocimiento de causa, pues fueron algunos de mis profesores quienes me acentuaron esas inseguridades con su burlas y comentarios tales como:" que quieres que te traiga un tinto o un cigarrillito", por mi forma de sentarme. En ocasiones los tildamos o simplemente los ignoramos, pasan tan desapercibidos que ni siquiera nos tomamos la molestia de mirarlos, como deja ver la entrevista que realice a varios de mis compañeros, obviamente, aquí no se pretende criticar y menos generalizar, simplemente es un llamado a la conciencia.

A las Instituciones Educativas cual es mi recomendación, contratar personas idóneas, que su educación sea integral, o realizar más talleres de sensibilización no solo para sus educadores, sino para las escuelas de padres, donde se les dé más acompañamiento de cómo tratar a sus hijos, teniendo en cuenta que muchos de ellos son padres con frustraciones, por sueños incumplidos en algunas etapas de su vidas, y creen que de esa manera hostil y grosera sus hijos no van a

cometer esos mismos errores de allí depende que muchos se comporten así.

A los padres de familia les recomendaría, asesorarse en lo que les sea posible, con personas que conozcan del comportamiento de los jóvenes, sobre todo cuando vean que sus hijos son muy ensimismados, personal que les pueda ayudar como enfrentar estas dificultades, cómo tratar a sus hijos, romper con estas cadenas que se perpetúan en el tiempo, ya que muchos son adultos dañados que solo repiten lo que vieron, sin sobre protección, o querer dar todo lo que no tuvieron, es muy importante que ustedes fortalezcan sus vínculos con sus hijos, fortalecer su autoestima, reconociendo las acciones buenas, estableciendo limites, y siendo muy coherentes con la disciplina, esto se hace cuando sus actos concuerdan con su discurso, dándoles tiempo de calidad, esto significa que si va a estar con su hijo media hora sea media hora, dedicada totalmente a ellos, escuchar cuando hablen pues los niños siempre tienen algo importante que decirnos, leer un cuento, investigar que les está pasando, como se sienten, o simplemente sentarse y jugar con ellos, establezca con su hijo una muy buena comunicación asertiva, sea un poco flexible estableciendo acuerdos, pero sin perder la autoridad, de a su hijo más abrazos, con esto fortalece sus emociones y va a conllevar a individuos seguros, capaces de desenvolverse en la sociedad y prepararse para la vida futura, sobre todo en este momento que vive la sociedad donde abunda la exposición de mucha información, a través de la tecnología, celulares, televisión, entre otros. Entre la edad de 0-5 años según estudios realizados por diferentes profesionales en neurología, se ha comprobado que es la etapa donde las neuronas están en su proceso de aprendizaje y lo que le enseñemos en esa etapa va a ser determinante para formar su personalidad, es necesario permitirles que se ensucien, que jueguen con las cosas que hay en su medio, que creen con su imaginación, que exploren y de acuerdo a su exploración realicen sus propias creaciones, por lo tanto entre menos tecnología este a su alcance va a ser de gran ayuda para ellos, por  experiencia

propia me atrevería a decir que la timidez no se supera del todo, aún en nuestra vida futura cuando somos ya adultos tenemos que vivir en una continua lucha con nosotros mismos reeducar nuestra mente, sacar patrones ya

establecidos es muy difícil pues estos se alojan en nuestra parte del cerebro reptiliano, que está encargado de protegernos, y de nuestra supervivencia, es por ello que para él es más fácil que todo funcione con los patrones que ya se le establecieron, o sea los conocimientos que nos implantan desde niños, el cerebro reptiliano es renuente al cambio, y es el que hace que el miedo nos paralice, él es como una grabadora, no se le quita lo que ya se ha establecido, pero varios neuros científicos aseguran que si se les puede re gravar, con afirmaciones repetitivas, mi timidez se dio por muchos factores que hoy veo con mucha más claridad, entre esa el miedo al abandono, la sobre protección que me dieron mis abuelos paternos, quienes eran los responsables de mi crianza, créanme que ha sido bastante difícil vencer todo esto, es una lucha continua conmigo misma, y no hay peor batalla que la que libras contigo.

A  los sujetos de esta investigación en su momento se los hice saber, hoy ya son personas adultas, y perdí el rastro de ellos, pero me atrevo a decir de acuerdo a lo observado en el siguiente año escolar, que de algo les sirvió todo ese acompañamiento que les realice durante mi estadía en el colegio.

A los jóvenes de hoy que les puedo decir, las cosas han cambiado un poco han salido nuevos nombres y formas de acoso, como son el bullying, el matoneo, y ya las autoridades han tomado parte en este, problema, pero aun así vemos la cantidad de suicidio en jóvenes pre adolescentes y adolescentes a causa de este problema, mi  recomendación es  que busquen ayuda, no se queden callados, pues siempre abra alguien que los escuche que les pueda ayudar, acérquense a sus padres y cuéntenles lo que les está pasando, y si ellos no los escuchan hablen con un profesor de confianza, o con algún amigo, pero no se queden callados.

A manera de referencia les cuento lo que a mí me funciono, realice ejercicios recomendados por psicólogos, mirarme a
espejo por largos periodos, diciéndome afirmaciones, mirándome y no criticándome, perdonándome, perdonando a
los que me dañaron conscientes o inconscientemente, como aquella profesora que les conté, al igual que ustedes sentía temblores, tartamudeaba, por mi color quizás no lograban ver mi palidez, pero si mi sudoración, como se aceleraba mi corazón, y créanme sentir todo esto es fatal, también me escondía para que los profesores no vieran, así supiera la respuesta prefería quedarme callada, pero hoy les puedo  dar testimonio que todo esto se puede superar, podemos hacer que ese duende cito que hay en el interior de nuestra cabeza se calle. Podemos aprender a dominar nuestra mente, podemos tener auto control.

GLOSARIO

ANSIEDAD: Actitud sentimental caracterizada por una combinación de miedo y esperanza con vista al futuro de efectos desagradables

AULA: Sala donde se enseña en los establecimientos educativos. Recinto abierto o cerrado donde se comparten conocimiento tos

CALLADA: Acción y efecto de callar, dar la callada por respuesta. No contestar.

PASIVO: Dícese del sujeto que recibe la acción del agente sin cooperar a ella.

SOLEDAD: Ciencia de compañía, lugar desierto, o tierra no habitada pesar y mirando vía que se siente por la ausencia, muerte o pérdida de alguna persona o cosa.

TIMIDEZ: Sensación de inseguridad o vergüenza en uno mismo que una persona siente ante situaciones sociales nuevas y que le impide o dificulta entablar conversaciones y relacionarse con los demás. Debilidad o poca claridad con que se manifiesta un fenómeno.

TIMIDO: Temeroso, encogido de ánimo. Del latín Tímidas, temeroso, medroso, encogido, y corto de ánimo. Persona

Que siente timidez. Que se manifiesta con debilidad o poca claridad.

BULLYING: Acoso físico o psicológico al que someten, de forma continuada, a un alumno sus compañeros.

ACOSO: Acción de acosar. Trato hostil o vejatorio al que es sometida una persona en el ámbito laboral de forma sistemática, que le provoca problemas psicológicos y profesionales

MATONEO:
Matar a alguien con alevosía, ensañamiento o por una recompensa. Causar viva aflicción o grandes disgustos. Dicho de una personaen quien se confía: Engañar en un asunto grave.

BIBLIOGRAFIA.


RODRIGUEZ, Aroldo. (1979). Psicologia Social. Mexico: Editorial Trillas.
JAGOT, Paul. Manual de la timidez vencida. Barcelona: Editorial Obelico.

SHAW M, Phyllis.  Timidez y Ansiedad.

MORENO ARANGO, Liliana. Timidez y Agresividad

FREUD, Sigmud. Timidez y Ansiedad

# ANEXOS

ANEXO 1.

ENTREVISTA.

Las entrevista no tuvieron una técnica determinada, se hizo un dialogo que se grabo y en otros casos se escribió lo que iban diciendo cada uno. Citaré un ejemplo de cada una.

## ENTREVISTA REALIZADA A ANDRES.

¿Como es tu nombre?

"Andrés".

¿Cual es la dirección de tu casa?

"Calle __ No. _______ Barrio Floralia".

¿Con quién vives?.

"Mi papá, mi mamá, mi hermana y mi abuela".

¿Cuantos años tiene tu hermana?

"Nueve".

¿Cuéntame como es un sábado en tu casa?

"Me levanto, me pongo ayudarle a mi hermana ha hacer las tareas de catequesis, me pongo a trapear, me pongo ayudar en la casa, mi papá se va a trabajar. Mi mamá no puede hacer nada porque la operaron y mi abuela se pone hacer la comida.

Por la tarde me toca llevar a mi hermana a la iglesia a la catequesis (U.H.M) y cuando llego de llevar a mi hermana veo televisión o me quedo en mi cuarto, por allí a las cinco voy por ella y por la noche salgo a jugar un rato, hasta que mi papá, mi mamá o mi abuela me dicen que ya casi me entro y yo calculo y me entro".

¿Cuál es tu mejor amigo en el barrio?

"Mi mejor amigo en mi barrio se llama Brayan y Andrés, en el colegio es Pedro, Shirley, Billy y Alexander".

¿Por que no te relacionas con los demás compañeros?

"Pues no se".

¿Como te consideras, una persona extrovertida o más bien callada?

"Yo soy muy callado no me gusta estar hablando sólo lo hago con los que mencione antes".

ANEXO 2.

**ENTREVISTA REALIZADA A UNA PROFESORA.**

¿Cómo es su nombre?

"Olga".

¿En que área enseña usted?

"Soy profesora del área de sociales".

¿En que cursos dicta usted esa área?

"de 6 a 9 Grados".

¿Conoce al alumno Andrés?

"Cual de los dos, el más callado o el otro".

"No el más callado.  Ah sí".

¿Cual es la apreciación que tiene del joven?

"Es un joven muy tímido y debido a esto se le dificulta relacionarse con los compañeros, participar en clases, presentar bien sus trabajos".

¿Cual cree usted que es la causa de la timidez del alumno?

"Yo creo que ese es un problema de casa y tendría que hablarse con los padres o con un psicólogo, yo creo que es un problema de casa".

¿Como es el alumno en sus clases ?

"Muy callado y refleja miedo".

¿Alguna vez usted se le acerco ha hablarle ?

"La verdad no".

¿Alguna vez en horas de descanso lo observo ?

"la verdad no, no".

¿Cuál cree usted que es el mejor amigo de Andrés ?

"Pues yo lo veo mucho con Pedro, no busca los demás compañeros, ni a los profesores si lo acusan de algo el no busca los medios de defenderse, en realidad yo nunca he hablado con él".

ANEXO 3.

**ENTREVISTA A UN COMPAÑERO.**

¿Cómo es tu nombre ?

"Pedro".

¿Te consideras el mejor amigo de Andrés ?

"Pues yo no se, aunque yo siempre converso con él".

¿Tu sabes o has oído hablar sobre la timidez ?

"Alguien que es muy callado, que no habla con nadie".

¿Relacionarías tu esas palabras con tu compañero Andrés me explico

como lo ves tu ?

"Pues el siempre esta callado y solo habla con Shirley, Carmona , Billy y

yo y con los demás no".

¿Qué hacen ustedes cuando salen a descanso ?

"Por lo general Andrés se va con Carmona compran una pony malta, un

mango luego se vienen para el salón y Andrés se queda hay sentado,

nosotros salimos a jugar o recochar".

¿Cuándo los llevan al polideportivo e educación física como se comporta

Andrés ?

"Allí se habla con los demás compañeros y juega con todos y habla".

¿Frecuentemente vas a la casa de él o solo es una amistad dentro del

colegio ?

"No yo no he ido, él vive muy lejos, por allá en un hospital, por prosalud no

yo no he llegado a ir hasta allá".